# Aroma-Essig

## selbst gemacht

**Claudia Diewald / Michaela Rudnick**

# Inhalt

## Aromatisierter Essig

# Rezepte mit Essig

# Einleitung

## Sauer macht lustig – und schmeckt!

Essig ist, neben Salz, Zucker, Honig und Spirituosen, eines der wenigen Lebensmittel, die nahezu unbegrenzt haltbar sind. Und dazu eines der ältesten Würz- und Konservierungsmittel.
Aber er wurde – und wird – nicht nur zum Würzen und Verfeinern von Speisen verwendet, sondern er findet auch Verwendung als Hausmittel, wie z. B. bei Hautunreinheiten oder als Putzmittel.

## Essig für Genießer.

In diesem Buch machen wir einen Ausflug in die Welt der Aromen und beschäftigen uns mit der Verfeinerung und Verwendung von Essig in der Küche. Die Säure in einen aromatischen Geschmacksträger zu verwandeln, ist dabei das Ziel. Für die Aromatisierung von Essig brauchen Sie sich nicht in riesen Unkosten zu stürzen, die Zutaten sind durchaus erschwinglich oder in der Natur zu finden. Das erforderliche „Handwerks-

zeug" finden Sie ohnehin in Ihrem Haushalt.
Dekorative Flaschen sind schon für wenig Geld im Handel zu bekommen, natürlich können Sie auch Flaschen sammeln, die im Küchengebrauch anfallen.

Verwenden Sie bei Tisch einen Zerstäuber, der Ihren aromatisierten Essig hochfein versprüht und dadurch Salaten, Obstsalaten, Fleisch und Fisch das gewisse Extra verleiht.
Oder servieren Sie Ihren Essig als Aperitif oder Digestif. Essig unterstützt die Verdauung und reinigt nach dem Essen die Mundhöhle.
Allerdings ist darauf zu achten, dass der Säuregehalt nicht 5-6 % übersteigt (3 % Säure sind optimal) und der Essig einen milden Geschmack behält. Die „Reifezeit" für diese Essige kann, muss aber nicht, mehrere Jahre dauern.
Gerne nimmt man zur Herstellung von Aperitifessig vollreife Früchte, Fruchtsaft und Zucker, einige Monate später haben Sie einen Trinkessig mit einem hervorragenden, feinen Aroma. Auch hier gilt wieder, je länger der Essig lagert, desto besser und edler wird er schmecken.

**Selbst gemachter Aroma-Essig ist stets ein willkommenes Geschenk oder Mitbringsel.**

Experimentieren Sie auch mit eigenen Kreationen und veredeln Sie den Essig mit Ihrem Lieblingsaroma. Erscheint der Essig Ihnen bei der Vorbereitung allzu sauer für Ihr Vorhaben, „entschärfen" Sie ihn, indem Sie ihn vor der Verwendung einmal kurz aufkochen und dann abkühlen lassen. Das macht ihn milder. Je nachdem wie hoch Sie die Aromen (Kräuter, Früchte, etc.) dosieren, benötigen Sie hinterher, vom fertigen Essig, tatsächlich nur noch einen Hauch.
Es kann kaum etwas schief gehen. Selbst wenn das Ergebnis geschmacklich nicht das hergibt, was Sie erwartet hätten: bessern Sie einfach noch mal nach. Essig ist sehr geduldig.

Wenn Sie keinen gekauften Essig als Basis verwenden möchten - die eigentliche Herstellung von Essig ist zwar denkbar einfach, erfordert jedoch jede Menge Zeit und Geduld.
Selbst angesetzter Essig braucht Monate, um seinen Geschmack zu entfalten. Für diejenigen unter Ihnen, die es versuchen möchten, haben wir auch hierfür eine entsprechende Anleitung (Seite 8-11).

# Die Essigmutter

**Herstellung der Essigmutter:**

150 ml Bio-Apfelessig (naturtrüb)
150 ml Wasser
3 EL Honig
1 Glas (sterilisiert)
1 Paar Nylonsöckchen
1 Gummiring

Essig, Wasser und Honig gut miteinander vermischen, in das Glas füllen, die Söckchen darüber ziehen und mit dem Gummiband fixieren. So kommt genügend Luft an den Essig und Essigfliegen, etc. bleiben draußen. Den Ansatz am besten auf die Fensterbank stellen – er sollte nicht kühl stehen – aber auch nicht zu warm.
Jetzt heißt es, Geduld haben – es dauert mehrere Wochen, bis sich die Essigmutter gebildet hat. Zuerst sind nur feine Schlieren im Ansatz zu sehen, später bildet sich eine gallertartige Masse mit Haut auf dem Ansatz – die Essigmutter.
Das Glas in dieser Zeit nicht schütteln, gelegentliches, vorsichtiges Beiseitestellen schadet allerdings nicht.

### Weiter geht's – Essig ansetzen:

Wenn Ihre Essigmutter soweit ist, kommt der nächste Schritt der Essigherstellung.

2 l Wein
2 l Wasser (abgekocht)
großes Glas oder Glasballon
Tuch oder Nylonsöckchen
Gummiband

2 l trockenen Wein (möglichst schwefelarm – lassen Sie sich beim Weinhändler beraten) in ein Glas (sterilisiert) füllen, auf ca. 5 Vol. % mit Wasser (abgekocht) verdünnen, über den Daumen also dieselbe Menge Wasser wie Wein.
Die Essigmutter vorsichtig dazugeben, wieder mit Nylonsöckchen, Tuch, Kaffeefilter etc. abdecken und mit Gummiband fixieren. An einen nicht zu kühlen Ort stellen.
Ab jetzt heißt es: Geduld haben! Um guten Essig zu erhalten, brauchen Sie Zeit. Minimum 4 Monate, besser noch 6 Monate oder aber bis zu 12 Monaten. Zwischendurch können Sie den Essig natürlich probieren und wenn Ihnen der Geschmack zusagt, die Essigmutter (zur weiteren Verwendung) aus dem

Essig nehmen und in einem Rest davon in einem Glas aufbewahren.

Fassen Sie die Essigmutter nicht mit bloßen Händen an – den Geruch an Ihren Fingern werden Sie nicht mögen – verwenden Sie hierfür Einweghandschuhe.

Den Essig filtern (Tuch oder Kaffeefilter) und abfüllen. Danach kühl und luftdicht verschlossen lagern.

Bei der weiteren Verwendung der Essigmutter gilt: Die Essigmutter immer für dieselbe Sorte Wein verwenden, das heißt Weißweinessigmutter für Weißwein, Rotweinessigmutter für Rotwein, usw. Die Ausnahme ist hier die Essigmutter vom Weißwein, diese kann durchaus auch zur Herstellung von Rotweinessig verwendet werden.

Sie sehen, Essig machen ist nicht schwer.

Achten Sie auf Hygiene bei der Zubereitung und haben Sie Geduld.

Außer Rot- und Weißwein können Sie natürlich auch Fruchtweine zur Herstellung verwenden, oder probieren Sie doch mal Bieressig. Die Basis für den Essig (Wein, Bier etc.) dabei immer soweit mit abgekochtem Wasser verdünnen, dass er max. 5 Vol.% Alkohol hat.

## Balsam-Essig (dunkel):

Eine leckere Alternative zu Balsamicoessig kann man auch einfach selbst machen.

2 l Traubensaft (rot) oder Johannisbeersaft
1 l Apfelessig (mild) oder einen anderen Obstessig
50 g brauner Rohrzucker oder Honig
Flasche
Tuch
Gummiband

Den Saft in einem Topf zum Kochen bringen, einköcheln lassen, bis er auf die Hälfte einreduziert ist. Den Essig dazugeben, aufkochen und wieder reduzieren lassen, bis sich die Menge auf 800 – 900 ml reduziert hat. Zucker in der heißen Flüssigkeit auflösen.
Den Essig in eine Flasche füllen, mit dem Tuch abdecken und mit Gummiband fixieren.
2-4 Wochen ziehen lassen, durch einen Kaffeefilter gießen und in Flaschen mit Schraubverschluss abfüllen.

*Für einen hellen Balsam-Essig verwenden Sie weißen Traubensaft und weißen Kandiszucker.*

# Aromatisierter Essig

# Mango-Melisse-Essig

750 ml Weißweinessig, leicht erwärmt
100 g Mangostreifen, getrocknet
5 Zweige Zitronenmelisse

Die Melissenblätter von den Stengeln zupfen, waschen und trocken schütteln. Mit den Mangostreifen in ein ausreichend großes Gefäß geben. Den warmen Essig darüber gießen, Gefäß verschließen und alles gut durchschwenken.
An einem kühlen Ort 2 Wochen ziehen lassen und zwischendurch immer wieder aufschütteln.
Danach durch ein feines Sieb oder Tuch filtern und in Flaschen abfüllen.

*Anstatt getrocknete kann auch frische Mango verwendet werden. Dazu 2 Mangos schälen, entkernen und in kleine Stücke schneiden.*

# Feigen-Essig

750 ml Weißweinessig
8 Feigen, frisch, reif
2 EL Rohrzucker

Die Feigen waschen, trocknen und in Stücke schneiden. Mit Essig und Zucker in ein Gefäß geben und an einem kühlen Ort 4-6 Wochen ziehen lassen, ab und zu durchschütteln. Zum Schluss abseihen, filtern und in Flaschen abfüllen.

# Himbeer-Essig

500 ml Balsamicoessig, weiß
500 g Himbeeren, frisch

Die Himbeeren vorsichtig waschen und trocknen. Mit dem Balsamicoessig in eine Flasche füllen und verschließen. 4-6 Wochen ruhen lassen. Zwischendurch immer wieder schütteln.
Anschließend filtern und abfüllen.

# Brombeer-Rosmarin-Essig

750 ml Apfelessig
500 g Brombeeren, schön reif
4 Zweige Rosmarin
50 g Honig

Die Brombeeren, gewaschen und trocken getupft, mit dem Zauberstab pürieren.
Den Honig in etwas Essig aufkochen, bis er sich aufgelöst hat, anschließend mit den restlichen Zutaten in ein Gefäß geben, verschließen und gut durchschütteln. An einem kühlen Ort 2 Wochen ziehen lassen, zwischendurch durchschwenken.
Jetzt durchfiltern und abfüllen.

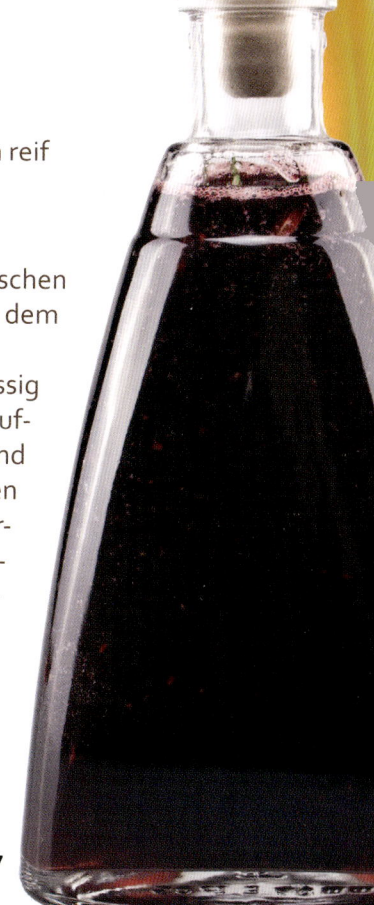

# Apfel-Zimt-Essig

3 Äpfel (keine mehlige Sorte)
4 Zimtstangen
750 ml Apfelessig
50 g Honig

Die Äpfel waschen, entkernen, in Stücke schneiden und in ein verschließbares Gefäß geben.
Essig, Honig und Zimtstangen einmal aufkochen, abkühlen lassen und anschließend über die Apfelstücke gießen. Den Essig an einem kühlen Ort 4 Wochen ruhen lassen. Nach der Ruhezeit abseihen, filtern und in Flaschen abfüllen.

# Vanille-Essig

750 ml Balsamicoessig, weiß
6 Vanilleschoten

Die Vanilleschoten längs aufschneiden und das Mark auskratzen. Schoten, Mark und Essig kurz zusammen aufkochen, abkühlen lassen und in ein verschließbares Gefäß füllen. Nach 3 Wochen abseihen, filtern und in Flaschen abfüllen.

*Für einen leckeren Vanille-Erdbeer-Essig geben Sie noch zusätzlich 250 g geputzte, halbierte, frische Erdbeeren mit in das Gefäß. Selbstverständlich können Sie auch andere Obstsorten verwenden.*

# Lavendel-Essig

500 ml Weißweinessig
6 EL Lavendelblüten, frisch
    (alternativ 4 EL Blüten getrocknet)

Den Essig aufkochen, abkühlen lassen (er sollte lauwarm sein) und über die Blüten in eine Flasche gießen. 3-4 Wochen ziehen lassen, dabei gelegentlich aufschütteln. Den Essig abseihen, filtern und in Flaschen füllen.

Dieser Essig eignet sich nicht nur für Salate und Desserts, sondern passt auch hervorragend zu Wildgerichten oder Lamm. Hierfür einfach den entsprechenden Fond oder Soße mit dem Essig aromatisieren.

# Rosenblüten-Essig

750 ml Weißwein- oder Balsamicoessig, weiß
125 g Rosenblätter, ungespritzt, stark duftend

Die Rosenblätter zusammen mit dem Essig in eine Flasche füllen. An einem kühlen Ort 4 Wochen ziehen lassen. Danach abseihen, filtern und in kleine Flaschen füllen.
Für einen milderen Essiggeschmack, den Essig erst kurz aufkochen und abgekühlt über die Blätter geben.

# Honig-Rosmarin-Essig

750 ml Weißweinessig
150 g Honig
8 Zweige Rosmarin

Rosmarin waschen und trocknen – er darf nicht mehr nass sein!
Essig erwärmen, Honig darin auflösen und mit dem Rosmarin in ein verschließbares Gefäß geben. An einem dunklen Ort 2 Wochen ziehen lassen, währenddessen mehrmals aufschütteln. Zum Schluss abseihen, filtern und abfüllen.

# Knoblauch-Kräuter-Essig

750 ml Weißweinessig
6 Zehen Knoblauch, geschält
2 EL Kräuter der Provence
1 EL Meersalz

Den Knoblauch in Scheibchen schneiden, das Meersalz zerstoßen und mit den Kräutern in ein verschließbares Gefäß geben. Den Essig darüber gießen und das Ganze 4 Wochen an einem kühlen Ort ruhen lassen. Zwischendurch alles aufschütteln. Danach abseihen, filtern und abfüllen.

# Duft-Essig

750 ml Apfelessig
2 Zimtstangen
4 Nelken
1 TL Fenchelsamen
1 TL Anissamen
2 EL Honig

Die Zimtstangen in Stücke brechen, Samen und Nelken im Mörser zerstoßen. Den Essig erwärmen und den Honig darin auflösen. Zusammen mit den Gewürzen in ein verschließbares Gefäß geben und 2 Wochen an einem kühlen Ort ruhen lassen. Die Gewürze abseihen, den Essig filtern und in Flaschen abfüllen.

*Dieser Essig passt besonders gut zu Obstsalaten, aber auch zu Lammgerichten oder in einer Soße zu Fisch.*

# Mediterraner Essig

750 ml Balsamico, weiß
7 Zweige Rosmarin
7 Zweige Thymian
7 Zweige Oregano
15 Salbeiblätter
50 g getrocknete Tomaten
2 Zehen Knoblauch

Die Kräuter waschen und komplett trocknen. Den Knoblauch schälen und in Scheiben schneiden.
Zusammen mit Tomaten und Essig in ein verschließbares Gefäß füllen und 4 Wochen an einem kühlen Ort ziehen lassen – Gefäß zwischendurch schütteln. Nach der Ruhezeit abseihen, filtrieren und abfüllen.

# Kräuter-Essig

500 ml Weißweinessig
1 schöner, großer, gemischter Bund Kräuter – quer Beet (z. B. Dill, Liebstöckel, Bärlauch, Koriander, Rosmarin, usw.)

Die Kräuter waschen und komplett trocknen. Zusammen mit dem Essig in eine Flasche füllen, verschließen und 2 Wochen ruhen lassen – zwischendurch aufschütteln – die Kräuter sollen immer mit Essig bedeckt sein. Danach abseihen, filtern und abfüllen.

26

# Wacholder-Essig

500 ml Rotweinessig
2 EL Wacholderbeeren
1 Lorbeerblatt
½ TL Meersalz
2 EL Honig

Wacholderbeeren und Lorbeerblatt mit dem Salz im Mörser zerstoßen. Den Essig erwärmen und den Honig darin auflösen. Alle Zutaten in ein verschließbares Gefäß geben und 1 Woche ziehen lassen. Den Essig abseihen, filtern und in eine Flasche füllen.

*Der Wacholderessig rundet perfekt Soßen zu Wild ab und macht sich außerdem sehr gut in einer Sauerbratenmarinade.*

# Asia-Essig

500 ml Weißweinessig
1 Stück Ingwer (2 cm)
1 Stange Zitronengras
1 Zweig Koriander
4 Trockenpflaumen

Ingwer schälen und in Scheiben schneiden. Zitronengras zerquetschen (am besten mit einem Fleischklopfer oder Nudelholz). Korianderblätter abzupfen und die Pflaumen in Streifen schneiden. Alle Zutaten zusammen in ein verschließbares Gefäß füllen und 3 Wochen ruhen lassen. Danach abseihen, filtrieren und abfüllen.

*Dieser Essig eignet sich wunderbar zum Marinieren (z. B. Scampis) aber auch zu asiatischen Salaten oder Nudelgerichten.*

# Pfirsich-Essig

500 ml Balsamico, weiß
6 Pfirsiche, schön reif
1 EL Vanillezucker

Die Pfirsiche schälen (am besten vorher kurz überbrühen), entkernen, in Stücke schneiden und in ein verschließbares Glas schichten. Den Essig erwärmen, den Zucker darin auflösen und die Mischung über die Pfirsiche gießen. Nach 3 Wochen Ruhezeit abseihen, filtrieren und abfüllen.

*Als schöne Variante eignen sich hierfür auch Weinbergspfirsiche, da diese kleiner sind als herkömmliche Pfirsiche nehmen Sie einfach 2-3 mehr. Nach Geschmack etwas mehr Zucker verwenden. Basis kann für dieses Rezept Rotweinessig sein.*

# Kaffee-Essig

500 ml Balsamico, dunkel
2 doppelte Espressi, heiß
2 EL Zucker

Den Zucker im heißen Kaffee auflösen, etwas abkühlen lassen und anschließend mit dem Essig in eine Flasche füllen. Gut durchschütteln – fertig!

*Dieser Essig ist sowohl für kräftig schmeckende Salatsorten, als auch für Desserts zu verwenden.*

# Erdbeer-Basilikum-Essig

500 ml Weißweinessig
300 g Erdbeeren, schön reif
½ Handvoll Basilikumblätter

Die Erdbeeren säubern und in Stücke schneiden. Die Basilikumblätter waschen, trocknen und in Streifen schneiden. Alles mit dem Essig in ein verschließbares Gefäß geben und 3 Wochen ziehen lassen. Nun abseihen, filtrieren und abfüllen.

*Marinieren Sie doch mal Mozzarella in diesem Essig – Sie werden begeistert sein.*

# Pfeffer-Essig

500 ml Weißweinessig oder Balsamico, weiß
50 g Pfefferkörner, bunt

Die Pfefferkörner im Mörser zerstoßen und mit dem Essig in eine verschließbare Flasche füllen. 1 Woche (gerne auch länger, dann nimmt die Schärfe im Essig zu) ziehen lassen, filtern und abfüllen.

*Pfeffer-Essig eignet sich sehr gut zur Zubereitung von Soßen zu Kurzgebratenem.*

# Sherry-Essig

500 ml Weißweinessig
100 ml Sherry

Essig und Sherry in eine Flasche füllen, verschließen, durchschütteln und 3 Wochen ziehen lassen.

# Rezepte mit Essig

# Kräuter-Gurkenreis
## mit Lachs

150 g Langkornreis
etwas Olivenöl, zum Anrösten
Wasser, heiß
8 Scheiben Räucherlachs

1 kl. Salatgurke
**50 ml Kräuteressig**
etwas Öl
Salz, Pfeffer

1. Den Reis in heißem Olivenöl etwas anrösten – er soll nur wenig Farbe bekommen. Danach mit heißem Wasser auffüllen und bissfest garen. Abgießen und abkühlen lassen.

2. Die Gurke waschen und klein würfeln. Essig und Öl vermischen, mit Salz und Pfeffer würzen. Die Gurkenwürfel und den Reis darin 10 Minuten marinieren.

3. Eine Timbaleform (oder Kaffeetasse) mit zwei Scheiben Lachs auskleiden, bis zur Hälfte fest mit der Reis-Gurken-Mischung füllen und die Enden der Lachsscheibe darüber legen. Auf Teller stürzen.

*Mit Toast und Schmand servieren.*

Einfach, Raffiniert

# Süß-Saure Scampis

500 g Scampis, TK, küchenfertig
1 Limette, der Saft davon
4 Zehen Knoblauch
1 Chilischote
500 g Frühlingszwiebeln
1 kl. Dose Mandarinen, Saft und Früchte
3 cm Ingwer, gerieben
**2 EL Asia-Essig**
1 - 2 EL Sojasoße
1 EL brauner Zucker
Salz
Pfeffer
Zitronenpfeffer
Sesamöl

*Servieren Sie dazu einen Duftreis.*

AUFWÄNDIGERE ZUBEREITUNG, RAFFINIERT

1. Die aufgetauten Scampis abwaschen, trocken tupfen und in einer Schüssel mit Limettensaft und Salz und Pfeffer 30 Minuten marinieren.

2. Den Knoblauch schälen und pressen, die Chilischote entkernen und fein würfeln. Die Frühlingszwiebeln waschen und in Ringe schneiden.

3. Die Scampis aus der Marinade (Marinade wird noch benötigt) nehmen, das Öl in einer tiefen Pfanne (Wok) erhitzen und die Scampis 1-2 Minuten anbraten und wieder aus der Pfanne nehmen.

4. Jetzt Knoblauch, Ingwer, Chili und Frühlingszwiebeln in die Pfanne geben und 3-4 Minuten andünsten und ebenfalls aus der Pfanne nehmen.

5. Nun die Marinade, Mandarinensaft, Essig, Sojasoße und Zucker in der Pfanne kurz aufkochen, mit Zitronenpfeffer und Sesamöl abschmecken.

6. Die restlichen Zutaten, einschließlich der Mandarinen, wieder dazugeben und kurz erhitzen.

# Buntes Ofengemüse

1 Aubergine
1 Paprikaschote, rot
1 Paprikaschote, gelb
1 Paprikaschote, grün
1 Paprikaschote, orange
1 Zucchino
2 Zwiebeln
250 g Cherrytomaten
4 Zehen Knoblauch
**25 ml Honig-Rosmarin-Essig**
50 ml Olivenöl
2 Zweige Rosmarin
2 Zweige Thymian
Meersalz
Pfeffer, aus der Mühle

1. Den Backofen auf 175 °C vorheizen.

2. Das Gemüse waschen, putzen und in mund-
gerechte Stücke schneiden. Zwiebeln und Knob-

lauch schälen, Zwiebeln in Streifen schneiden und Knoblauch hacken oder pressen.

3. Die Nadeln, bzw. die Blättchen von den Kräuterzweigen zupfen und mit Honig-Essig und Olivenöl gut verrühren. Kräftig mit Salz und Pfeffer abschmecken.

4. Das Gemüse in eine flache Auflaufform füllen und mit der Marinade übergießen.

5. Im Backofen bei 175 °C ca. 30 Minuten garen, dabei gelegentlich umrühren.

*Dieses Gemüse eignet sich auch hervorragend als Beilage zu allen Arten von Steaks, oder aber mit Reis zu Fisch.*

# Schneller Linseneintopf

300 g Rote Linsen
500 g Kartoffeln, gewürfelt
2 Möhren, gewürfelt
100 g Sellerie, fein gewürfelt
2 Zwiebeln, fein gewürfelt
½ Stange Lauch, in kleine Stücke geschnitten
1,5 l Rinderbrühe
1 EL Butterschmalz
Salz, Pfeffer
**etwas Wacholderessig**
eine Prise brauner Zucker
100 g Bündnerfleisch, oder Schinken, dünn aufgeschnitten

1. In einem großen Topf Butterschmalz erhitzen, Zwiebelwürfel darin andünsten, danach Kartoffel-, Möhren- und Selleriewürfel dazugeben und ebenfalls andünsten. Etwas Zucker über das Gemüse streuen und ganz kurz karamellisieren lassen.

2. Mit der Brühe auffüllen, Linsen und Lauchstück-

EINFACHE ZUBEREITUNG, DEFTIG

chen in die Suppe geben und alles ca. 10 - 15 Minuten bei mittlerer Hitze köcheln. Zum Schluss den Eintopf mit den Gewürzen und dem Essig abschmecken.

3. Portionsweise in Teller oder Suppentassen geben und die Scheiben vom Bündnerfleisch darauf anrichten.

# Saure Würstchen

24 kleine Nürnberger Bratwürstchen
**100 ml Knoblauch-Kräuter-Essig**
1 l Fleischbrühe
¼ l Weißwein
1 Gemüsezwiebel
25 g Zucker
Pfeffer, aus der Mühle

1. Die Zwiebel schälen und in Streifen schneiden.

2. Essig, Brühe, Wein, Zwiebelstreifen und Zucker in einen Topf geben, aufkochen und 20 Minuten sanft köcheln.

3. Die Hitze reduzieren, die Würstchen in den Sud geben, 10 Minuten sieden lassen und mit Pfeffer abschmecken.

4. Die Würstchen auf 4 Teller verteilen und jeweils von dem Sud darüber gießen.

*Servieren Sie hierzu herzhaftes, frisches Brot.*

EINFACHE ZUBEREITUNG, SCHNELLE KÜCHE

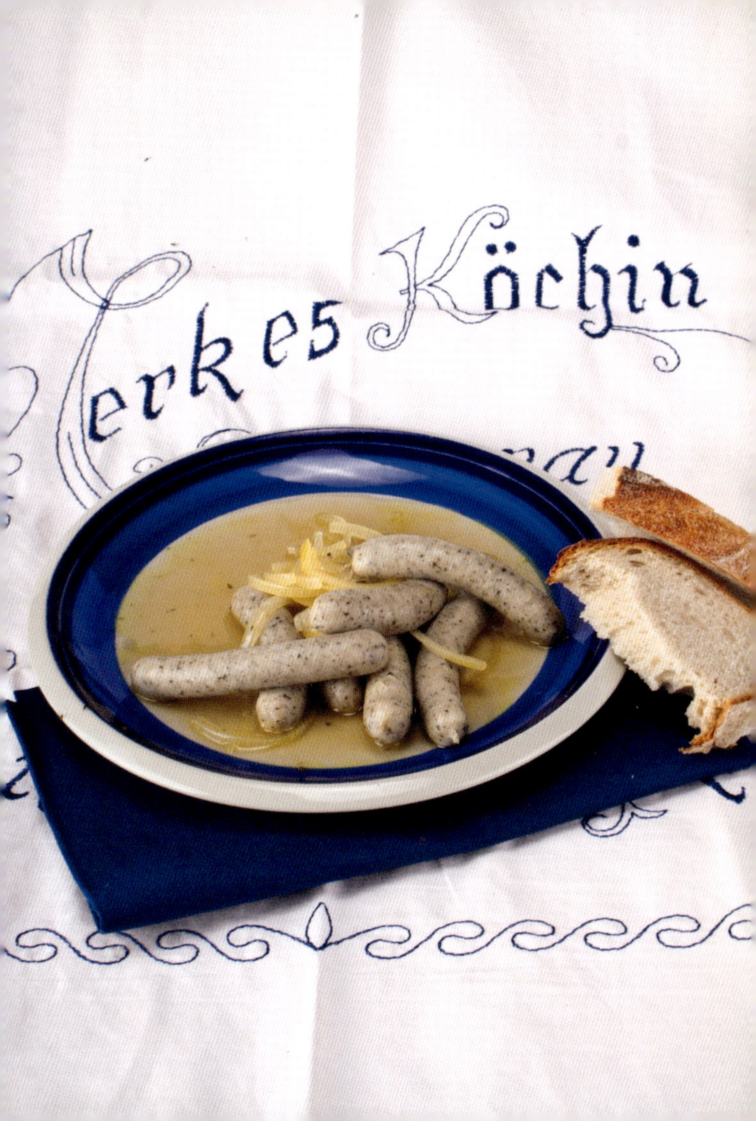
Köchin

# Zuckerschote trifft auf Eisberg

300 g Zuckerschoten, gewaschen und geputzt
5 Blatt Eisbergsalat, gewaschen und in feine Streifen geschnitten
2 Schalotten, fein gehackt
½ Knoblauchzehe, fein gehackt
1 EL Ingwer, frisch gerieben
1 EL Butter
**2 EL Feigenessig**
2 EL Creme Fraîche
Salz
Pfeffer, aus der Mühle
2 EL Kerbelblättchen, zum Garnieren

1. Die Zuckerschoten in kochendem Salzwasser 1 Minute blanchieren sofort in Eiswasser abschrecken und abtropfen lassen. Mit dem Eisbergsalat ebenso verfahren (nur wenige Sekunden blanchieren).

2. Die Butter in einer Pfanne erhitzen und zuerst die Schalotten, dann Knoblauch und Ingwer darin

EINFACHE ZUBEREITUNG, SCHNELLE KÜCHE, RAFFINIERT

andünsten. Mit dem Feigenessig ablöschen, Zuckerschoten und Eisbergsalat unterheben, Creme Fraîche unterrühren und alles mit Salz und Pfeffer abschmecken.
Vor dem Servieren mit den Kerbelblättchen bestreuen.

*Dieses Gericht eignet sich hervorragend als Beilage zu Fisch oder Steak.*

# Eingelegte Bratfische

4 ganze Fische (Hering, Dorade, Forelle) küchenfertig
Zitronensaft
Salz
Mehl
Öl, zum Braten
2 Zwiebeln, in Scheiben geschnitten

**300 ml Wacholder-Essig**
300 ml Wasser
½ - 1 EL Zucker
½ TL Salz
3 Lorbeerblätter
1 TL Senfkörner
1 TL Pfefferkörner
5 Pimentkörner

1. Die Fische waschen, trocken tupfen, mit Zitronensaft beträufeln, von innen und außen salzen und in Mehl wenden.

2. Öl in einer Pfanne erhitzen, die Fische von je-

AUFWÄNDIGERE ZUBEREITUNG, GUT VORZUBEREITEN

der Seite ca. 4 Minuten anbraten, aus der Pfanne nehmen und mit den Zwiebeln in eine ausreichend große Schüssel oder Auflaufform legen.

3. Die Zutaten für den Sud miteinander aufkochen, 2-3 Minuten köcheln lassen und noch heiß über die Fische gießen.

4. Die Bratfische abkühlen lassen und mit Deckel im Kühlschrank 2-3 Tage durchziehen lassen.

*Mit Bratkartoffeln serviert sind diese Fische ein wahrer Gaumenschmaus.*

# Bratensülze

500 g Schweinebraten, fertig gegart, gerne ein Rest vom Vortag, gewürfelt
1 Paprikaschote, gelb, klein gewürfelt
1 Paprikaschote, rot, klein gewürfelt
1 Paprikaschote, grün, klein gewürfelt

1 l Fleischbrühe
**100 ml Kräuter-Essig**
2 Zwiebeln, geviertelt
2 Lorbeerblätter
4 Nelken
1 TL Senfkörner
1 EL Zucker
12 Blatt Gelatine, weiß

1. Die Gelatine einweichen.

2. Das Schweinefleisch auf 4 Schälchen verteilen.

3. Die Zutaten für den Sud kurz aufkochen, 15 Mi-

AUFWÄNDIGERE ZUBEREITUNG, GUT VORZUBEREITEN

nuten köcheln lassen und absieben.

4. Mit den gewürfelten Paprikaschoten erneut aufkochen, die Gelatine ausdrücken und im heißen Sud auflösen.

5. Den Sud mit den Paprikawürfelchen gleichmäßig über den Braten gießen und die Sülze über Nacht in den Kühlschrank stellen.

6. Am nächsten Tag auf Teller stürzen (mit einem Messer vorsichtig vom Rand lösen, ggf. kurz in heißes Wasser tauchen) und servieren.

# Himmlischer
## Rosenblüten-Genuss

3 Eier
100 g Zucker
6 Blatt Gelatine, eingeweicht.
**40 ml Rosenblüten-Essig**
400 g Sahne

1. Die Eier mit dem Zucker in einer Schüssel über einem warmen Wasserbad mit dem Schneebesen (oder Handrührgerät) sehr schaumig schlagen. Die Masse etwas abkühlen lassen, Gelatine ausdrücken, unterrühren und den Essig nach und nach einrühren. Die Masse in den Kühlschrank stellen.

2. Sobald die Creme leicht fest wird, die Sahne steif schlagen und unter die Creme heben. Komplett durchkühlen lassen.

3. Zum Anrichten mit einem Löffel Nocken abstechen und auf kleinen Tellern servieren.

AUFWÄNDIGERE ZUBEREITUNG, GUT VORZUBEREITEN

# Erdbeer-Carpaccio

500 g Erdbeeren, schön reif
**4 TL Erdbeer-Essig**
Pfeffer, geschrotet, nach Belieben
4 TL Honig, flüssig
4 Blätter Basilikum

1. Die Erdbeeren vorsichtig waschen, trocknen, in Scheiben schneiden und auf einem großen Teller oder einer Platte dekorativ anrichten.

2. Mit Essig und Honig beträufeln, etwas Pfeffer darüber streuen und mit den Basilikumblättern garnieren.

*Ergänzen kann man dieses Dessert mit frisch gehobeltem Parmesan.*

# Kirschdessert
## mit Kaffee-Essig

400 g Naturjoghurt
2 Pk Vanillezucker
4 TL Honig, flüssig
1 Glas Sauerkirschen, abgetropft
**100 ml Kaffee-Essig**
1 EL Puderzucker
etwas Speisestärke, in kaltem Wasser glatt gerührt
1 Handvoll Amarettini

1. Joghurt mit Vanillezucker und Honig glatt rühren.

2. Die Sauerkirschen in einem Topf mit dem Essig aufkochen, süßen und mit der Speisestärke binden.

3. Mit dem Joghurt in ein Glas schichten und mit
Amarettini bestreuen.

*Genießen Sie zu diesem Dessert einen kleinen Kaffeelikör.*

EINFACHE ZUBEREITUNG, SCHNELLE KÜCHE

# Sherry-Ananas-Reduktion

**500 ml Sherry-Essig**
1 l Ananassaft
1/2 l Kirschsaft ungesüßt
5 EL Rohrzucker

1. Alle Zutaten in einen Topf geben und rühren, bis der Zucker sich aufgelöst hat.

2. Die Flüssigkeit so lange einkochen, bis sie eine sirupartige Konsistenz hat.

*Diese Reduktion sparsam über Salate, Kurzgebratenes, Käse oder Desserts geträufelt ist ein einzigartiges Geschmackserlebnis.*

# Brombeeressig-Zwiebelchen

500 g Schalotten, geschält
**150 ml Brombeer-Rosmarin-Essig**
2-4 EL Rohrzucker
2 EL Olivenöl
evtl. Wasser

1. Das Olivenöl in einem Topf erhitzen und die Schalotten darin anbraten. Vorsichtig mit dem Essig ablöschen und den Zucker dazugeben. Sollten die Schalotten noch nicht vollständig mit Flüssigkeit bedeckt sein, einfach mit etwas Wasser auffüllen. Die Hitze reduzieren und die Schalotten 20 Minuten köcheln.

2. Danach die Hitze wieder erhöhen und das Ganze unter Rühren so lange kochen, bis die Flüssigkeit eine sirupartige Konsistenz hat.

*Diese Zwiebelchen, kalt oder lauwarm genossen, sind eine leckere Beilage zu Gegrilltem, Wild, kalten Platten oder einfach zum Käsebrot.*

<u>Einfache Zubereitung, Lange haltbar</u>

## Impressum

© 2013 Verlag J. Neumann-Neudamm AG, Melsungen
Schwalbenweg 1, 34212 Melsungen
Tel. 05661/9262-26
Fax 05661/9262-19
www.neumann-neudamm.de

Printed in the European Community
Satz/Layout: Agentur CD*PR
Fotos: Wolfgang Angsten
Foodstyling: FEL!X AG Kitchencrew
Druck und Verarbeitung: Werbedruck GmbH Horst Schreckhase,
                                        Spangenberg

ISBN 978-3-7888-1460-1

*Wir bedanken uns für die freundliche Unterstützung der Essigmanufaktur Voß-Wölker* Rezepte Seite 46 und 52

www.essig-voss-woelker.de